DISCOURS EN VERS

SUR

LA CALOMNIE.

Par M. J. CHÉNIER,

DE L'INSTITUT NATIONAL.

CINQUIÈME ÉDITION.

———

A PARIS,

DE L'IMPRIMERIE DE DIDOT JEUNE.

AN VI.

DISCOURS EN VERS
SUR
LA CALOMNIE.

Nous avons parmi nous détruit la tyrannie.
Ne détruirons-nous pas l'impure calomnie ?
J'entends déjà frémir au nom de liberté,
Ce monstre enorgueilli de son impunité.
Les lois à son poignard opposent leur égide;
Mais, bravant du sénat la justice rigide,
Il insulte au courroux des impuissantes lois,
Et de la renommée usurpe les cent voix.

D'ÉCRIVAINS, d'imprimeurs quelle horde insensée
Diffame ce bel art de peindre la pensée !
Un faquin sans esprit, chansonnier des valets,
De refreins d'antichambre habillant ses couplets,
Compile lourdement de tristes facéties,
Qu'il orne avec raison du nom de rapsodies :
Le stupide Léger veut remplacer Piron ;
Fantin se croit Tacite, et Richer Cicéron :
Le démon du mensonge inspire leurs brochures;
Un peu d'or fait couler des flots d'encre et d'injures.
Même en ces temps de gloire où des soldats français
Tous les fleuves toscans attestent les succès,
Dans les murs de Paris l'Autriche a son armée
Qui, faisant chaque jour mentir la renommée,
De loin, par des pamflets signalant sa valeur,
Poursuit sous des lauriers Bonaparte vainqueur;

Et, vantant des Germains la prudente retraite,
Pour l'aigle fugitive embouche la trompette.

Dans ce nombreux essaim, doublement indigent,
Nul n'a besoin d'honneur, tous ont besoin d'argent.
A la honte aguerris, ces forbans littéraires
Ont mis leur conscience aux gages des libraires.
Envieux par nature, et brigands par métier,
Ils vendent l'infamie à qui veut la payer;
Et, meublant de Maret la boutique infernale,
Ils dînent du mensonge, et soupent du scandale.

Bon! me dit un lecteur, à quoi tendent ces vers?
Ce bas monde est rempli de sots et de pervers.
Mais veux-tu, des héros négligeant la peinture,
Abaisser tes crayons à la caricature?
Et le hideux portrait des bâtards de Gacon
Doit-il souiller la main qui peignit Fénélon?
A Fonvielle, à Langlois, daigneras-tu répondre?
Leur nom seul prononcé suffit pour les confondre.
Prétends-tu, déchaîné contre ce vil troupeau,
Armé des fouets vengeurs d'Horace et de Boileau
Fesser le grand orgueil du petit Lacrételle?
Rendre d'un Jolivet la bêtise immortelle?
Et, du plat Souriguière exhumant les écrits,
Disputer au néant ses plus chers favoris?

Il les réclamerait, c'est tenter l'impossible.
Organe du public, la censure inflexible,
Exerçant à loisir le pouvoir d'un bon mot,
Punira Lormian du malheur d'être un sot.

SUR LA CALOMNIE.

Un défaut naturel veut quelque tolérance :
Il sait ennuyer ; soit : on sait bâiller en France.
Pour moi, je ne veux point, Dom-Quichotte nouveau,
De prétendus géans me remplir le cerveau,
Et, la lance en arrêt, cherchant les aventures,
Ou redresser les torts, ou venger les injures.
Mercier combat Newton, Voltaire et le bon sens ;
Il sera ridicule ; il le veut, j'y consens.
Qu'il nous vante Rétif, son émule en folie ;
Que d'un fard imposteur enluminant Thalie,
En doucereux jargon surpassant ses rivaux,
Dumoustier dans ses vers commente Marivaux ;
Que le cousin Beffroi reste au fond de la lune ;
Que Dumolard nous glace à la même tribune
Où la raison sublime allumait son flambeau,
Où discutait Barnave, où tonnait Mirabeau ;
Sur sa lyre de plomb que Souriguière chante
De Dumont converti l'humanité touchante ;
Que le moine Gallais, burlesquement disert,
De Midas Bénesec fasse un nouveau Colbert :
A tous ces beaux esprits il est permis d'écrire,
Et j'attends qu'un décret me condamne à les lire.

Plus tolérant encor, je souffre qu'en tout lieu
Trissotin Rœderer se dise Montesquieu.
Poursuis, cher Trissotin : doctement ridicule,
Ecrase le bon sens sous ta lourde férule ;
Et, de la renommée épris à son insçu,
Régente l'univers sans en être aperçu.

Un sot est toujours vain. En passant dans la rue,
Vous nommez Démosthène, et Lémerer salue.
L'auteur même du Sourd n'est pas exempt d'orgueil;
De Richer, de Ferlus c'est le commun écueil;
Et Gallais, qui n'a point, mais qui donne la gloire,
Croit que le sort du monde est dans son écritoire.
 On condamne à l'oubli de petits charlatans
Mécontens du public, et d'eux-mêmes contens.
Mais c'est peu d'ennuyer : les sots veulent proscrire.
A leur honte vénale on les a vus sourire ;
Ils pouvaient, retranchés dans leur obscurité,
Echapper aux sifflets de la postérité:
Vaincus par l'ascendant d'une étoile ennemie,
Ils ont cherché l'éclat, l'argent et l'infamie.
Ah ! ce n'est pas ainsi que les esprits bien faits
Méditent à loisir de durables succès :
Ils ne franchissent point la limite sacrée,
Et par eux la décence est toujours honorée.
L'écrivain philosophe, au-dessus des clameurs,
Instruit par la morale, et même par ses mœurs :
La balance à la main, la sévère critique
Voit couronner son front du laurier didactique:
Armé de la satyre, un utile censeur,
Avoué par le goût, en est le défenseur:
Le crime est au-delà : tout libelliste avide,
Armé de l'imposture, est un lâche homicide.
Le plus vil a le prix dans un métier si bas;
Mentir est le talent de ceux qui n'en ont pas;

Nuire est la liberté qui convient aux esclaves :
Pour donner aux Français de nouvelles entraves,
De libelles fameux les auteurs inconnus
Ont sur ce noble droit fondé leurs revenus.

 Comme eux, nos décemvirs, ces tyrans du génie,
Chérissaient, protégeaient, vantaient la calomnie ;
Et du chêne civique ils couronnaient le front
Qu'à Rome on eût flétri d'un solennel affront.
Ah ! si quelque insensé défendait leur système,
Regarde, lui dirais-je, et prononce toi-même.
Vois le crime, usurpant le nom de liberté,
Rouler dans nos remparts son char ensanglanté ;
Vois des pertes sans deuil, des morts sans mausolées ;
Les grâces, les vertus d'un long crêpe voilées ;
Près d'elles le génie éteignant son flambeau.
Et les beaux-arts pleurant sur un vaste tombeau.
Ces malheurs sont récens. Quel monstre les fit naître ?
A sa trace fumante on peut le reconnaître :
La calomnie esclave, à la voix des tyrans,
De ses feux souterrains déchaîna les torrens,
Qui, du Var à la Meuse étendant leurs ravages,
Ont séché les lauriers croissans sur nos rivages.
Nos champs furent déserts, mais peuplés d'échafauds ;
On vit les innocens jugés par les bourreaux.
La cruelle livrait aux fureurs populaires
Du sage Lamoignon les vertus séculaires.
Elle égorgeait Thouret, Barnave, Chapelier,
L'ingénieux Bailly, le savant Lavoisier,

Vergnaud dont la tribune a gardé la mémoire,
Et Custine, qu'en vain protégeait la victoire.
Condorcet, plus heureux, libre dans sa prison,
Echappait au supplice en buvant le poison.
O temps d'ignominie, où, rois sans diadème,
Des brigands parvenus à l'empire suprême,
Souillant la liberté d'éloges imposteurs,
Immolaient en son nom ses premiers fondateurs!

Allons, plats écoliers, maîtres dans l'art de nuire,
Divisant pour régner, isolant pour détruire,
Suivez encor d'Hébert les sanglantes leçons;
Sur les bancs du sénat placez les noirs soupçons;
Qu'au milieu des journaux la loi naisse flétrie;
Dans les pouvoirs du peuple insultez la patrie;
Qu'un débat scandaleux s'élève, à votre voix,
Entre le créateur et l'organe des lois;
Empoisonnez de fiel la coupe domestique;
Etouffez les accens de la franchise antique;
Courez dans tous les cœurs attiédir l'amitié;
Séchez dans tous les yeux les pleurs de la pitié;
Opposez aux vivans l'éloquence des tombes;
Prêchez l'humanité, mais parlez d'hécatombes:
Plus coupables encor, tels que de noirs corbeaux,
Osez des morts fameux déchirer les lambeaux;
Auprès de leurs rayons rassemblez vos ténèbres;
Brisez vos faibles dents sur leurs pierres funèbres.
Ah! de ces demi-dieux si les noms révérés
Par la gloire et le temps n'étaient pas consacrés,

Leur immortalité deviendrait votre ouvrage :
La calomnie honore en croyant qu'elle outrage.
   Narcisse et Tigellin, bourreaux législateurs,
De ces menteurs gagés se font les protecteurs :
De toute renommée envieux adversaires,
Et d'un parti cruel plus cruels émissaires,
Odieux proconsuls, régnant par des complots,
Des fleuves consternés ils ont rougi les flots.
J'ai vu fuir, à leur nom, les épouses tremblantes ;
Le Moniteur fidèle, en ses pages sanglantes,
Par le souvenir même inspire la terreur,
Et dénonce à Clio leur stupide fureur.
J'entends crier encor le sang de leurs victimes ;
Je lis en traits d'airain la liste de leurs crimes.
Et c'est eux qu'aujourd'hui l'on voudrait excuser !
Qu'ai-je dit ? On les vante ! et l'on m'ose accuser !
Moi, jouet si long-temps de leur lâche insolence,
Proscrit pour mes discours, proscrit pour mon silence,
Seul, attendant la mort quand leur coupable voix
Demandait à grands cris du sang et non des lois !
Ceux que la France a vus ivres de tyrannie,
Ceux-là mêmes dans l'ombre armant la calomnie,
Me reprochent le sort d'un frère infortuné
Qu'avec la calomnie ils ont assassiné !
L'injustice agrandit une ame libre et fière.
Ces reptiles hideux, sifflant dans la poussière,
En vain sèment le trouble entre son ombre et moi :
Scélérats, contre vous elle invoque la loi.

Hélas ! pour arracher la victime aux supplices,
De mes pleurs chaque jour fatigant vos complices,
J'ai courbé devant eux mon front humilié:
Mais ils vous ressemblaient, ils étaient sans pitié.
Si, le jour où tomba leur puissance arbitraire,
Des fers et de la mort je n'ai sauvé qu'un frère,
Qu'au fond des noirs cachots Dumont avait plongé,
Et qui deux jours plus tard périssait égorgé,
Auprès d'André Chénier avant que de descendre,
J'éleverai la tombe où manquera sa cendre,
Mais où vivront du moins et son doux souvenir,
Et sa gloire, et ses vers dictés pour l'avenir.
Là, quand de thermidor la septième journée
Sous les feux du Lion ramenera l'année,
O mon frère ! je veux, relisant tes écrits,
Chanter l'hymne funèbre à tes manes proscrits.
Là, souvent tu verras près de ton mausolée
Tes frères gémissans, ta mère désolée,
Quelques amis des arts, un peu d'ombre, et des fleurs;
Et ton jeune laurier grandira sous mes pleurs.

Ah ! laissons-là nos jours mêlés de noirs orages,
Voulons-nous remonter le long fleuve des âges?
Partout la calomnie a, de traits imposteurs,
Du genre humain trompé noirci les bienfaiteurs.
Contre leur souvenir elle ose armer l'histoire :
Dans la nuit, sur le seuil du temple de mémoire,
Elle veille, et combat l'auguste vérité,
Qui s'avance à pas lents vers la postérité.

Aux intrigues de cour c'est elle qui préside :
Souvent elle embrasa de sa flamme homicide
Le tribunal auguste où dut siéger Thémis.
O juges des Calas, vous lui fûtes soumis.
Ses clameurs poursuivaient Abailard sous la haire,
L'Hôpital au conseil, Fénélon dans la chaire,
Turenne et Luxembourg sous les tentes de Mars;
Dénain même la vit sur les pas de Villars;
Et Catinat, couvert des lauriers de Marsailles,
Au lever de Louis la trouva dans Versailles.
Les Cévennes long-temps ont redouté sa voix :
Elle guidait Bàville; elle inspirait Louvois.
N'est-ce pas elle encor qui, dans Athène ingrate,
Exilait Aristide, empoisonnait Socrate?
Qui dans Rome opprimée égorgeait Cicéron,
Ouvrait les flancs glacés du maître de Néron?
Elle espéra flétrir de son poison livide
La palme de Virgile et le myrte d'Ovide.
Si l'arrêt d'un tyran fait massacrer Lucain,
Chez un peuple asservi chantre républicain;
Du vulgaire envieux si la haine frivole
A l'Homère toscan ferme le Capitole;
Si je vois du théâtre et l'amour et l'orgueil,
Molière admis à peine aux honneurs du cercueil,
Milton vivant proscrit, mourant sans renommée,
Et la muse du Tage à Lisbonne opprimée;
Helvétius contraint d'abjurer ses écrits;
 Le Pindare français loin des murs de Paris

Fuyant avec la gloire, et cherchant un asile ;
Les cités se fermant devant l'auteur d'Emile :
Sur l'éternel fléau de leurs jours malheureux,
J'interroge en pleurant ces mortels généreux :
Leurs manes irrités nomment la calomnie.
On ne vit pas toujours son audace impunie.
Pope chez les Anglais, Voltaire parmi nous,
Souillés des noirs venins de ses serpens jaloux,
Repoussant les conseils d'une molle indulgence,
A leurs vers enflammés dictèrent la vengeance.
Guidé par le plaisir vers ces divins écrits,
Le lecteur indigné confond dans son mépris
Les Blacmores français, les Frérons d'Angleterre ;
L'avenir tout entier leur déclare la guerre :
Pour l'effroi des méchans, un immortel burin
Grava ces noms flétris sur des tables d'airain.
O poètes de l'homme, et mes brillans modèles,
Ainsi que vous noirci de crayons infidèles,
A Windsor, à Ferney, sous de rians berceaux,
J'irai de vos couleurs abreuver mes pinceaux ;
Et si, dans les transports d'un délire homicide,
Prenant leurs faibles traits pour les flèches d'Alcide,
Langlois, Beaulieu, Crétot, Souriguière, Fantin,
Ont par la calomnie illustré mon destin,
Fantin, Crétot, Beaulieu, Langlois et Souriguière,
Entourés tout-à-coup d'une affreuse lumière,
Au défaut du carcan qu'ils ont trop mérité,
Subiront dans mes vers leur immortalité.

Quel sujet de vengeance arma ces doctes plumes ?
Noircit tant de journaux, salit tant de volumes ?
Des sots de mon pays ai-je été l'oppresseur ?
M'a-t-on vu gourmander, dans un vers agresseur,
De ces nains orgueilleux la grotesque insolence ?
Je lisais Rœderer, et bâillais en silence ;
Je supportais Lézai, ce pédant jouvenceau,
Qui n'est qu'un Rœderer, et se croit un Rousseau.
Ce n'est pas que jamais, infidèle au mérite,
Ma muse ait trafiqué d'un suffrage hypocrite.
Quand les Cotins du jour, flatteurs intéressés,
Prodiguent aux Cotins qui les ont encensés
Cet opprobre banal qu'ils nomment leur estime ;
Moi, qui ne sais offrir qu'un tribut légitime,
Et qui, pour tout trésor, ne voudrais obtenir
Que d'être aimé de ceux qu'aimera l'avenir,
Je mets quelque distance entre Achille et Thersite ;
Pour l'éloge et le blâme également j'hésite :
Ils veulent l'un et l'autre un esprit délicat ;
Tout louer est d'un sot, tout blâmer est d'un fat.
En estimant Daunou, Lanjuinais, Révélière,
Je méprise un Dumont, geolier sous Robespierre.
Louvet, dans le péril, se dévoua pour tous,
Et flétrit les tyrans quand ils régnaient sur nous ;
Mais, lorsqu'ils ne sont plus, si Rovère les brave,
Sous l'habit d'affranchi je reconnais l'esclave :
La Bacchante, affectant une fausse pudeur,
Imite mal d'Hébé la grâce et la candeur :

Les vains déguisemens d'un pénible artifice
Bientôt laissent percer les grimaces du vice ;
Et le masque imposant dont il est revêtu
N'est qu'un hommage affreux qu'il rend à la vertu.

 Le talent me fut cher ; et si des derniers âges
Souvent j'ai célébré les chantres et les sages,
Je n'ai pas prétendu, dans mes dégoûts savans,
De la gloire des morts accabler les vivans.
Que, suivant à son gré ces routes incertaines,
Clément veuille égaler Zoïle et Desfontaines ;
Que dans ses lourds écrits, froidement irrité,
Il dénonce son siècle à la postérité :
Ma voix, pour décerner un hommage équitable,
N'attend pas que le temps, de sa faux redoutable,
Ait réuni Saint-Pierre à Jean-Jacque, à Buffon,
Garat à Condillac, et Lagrange à Newton.
Les illustres vivans seront des morts illustres.
A l'humaine injustice épargnons quelques lustres :
Au sein du présent même écoutant l'avenir,
Certain de ses décrets, je veux les prévenir.
J'aime à voir Andrieux, avoué par Thalie,
Des humains, en riant, crayonner la folie ;
Parny dicter ses vers mollement soupirés ;
En ses malins écrits, avec goût épurés,
Palissot aiguiser le bon mot satyrique ;
Lebrun ravir la foudre à l'aigle pindarique ;
Delille, nous rendant le cygne aimé des Dieux,
Moduler avec art ses chants mélodieux ;

Et, de l'Eschile anglais évoquant la grande ombre,
Ducis tremper de pleurs son vers tragique et sombre.
 Si Laharpe autrefois, blessant la vérité,
Voulut noircir mes jours d'un fiel non mérité,
Oubliant sa brochure, et non pas Mélanie,
Au temps où sa vieillesse allait être bannie,
Plein du respect qu'on doit au talent malheureux,
J'ai du moins adouci des coups trop rigoureux.
Des arts abandonnés réparant l'infortune,
J'ai de leur souvenir embelli la tribune ;
Talleyrand méconnu dans l'exil a gémi ;
Il était délaissé : je devins son ami ;
Un décret du Sénat le rendit à la France.
J'ai vécu libre et fier, mais sans intolérance,
Plaignant le sot crédule, abhorrant l'imposteur,
Souvent persécuté, jamais persécuteur,
Adversaire constant de toute tyrannie,
Ami de la vertu, défenseur du génie,
Convaincu seulement du crime détesté
D'avoir aimé, servi, chanté la liberté.
 Oui, j'ai commis ce crime, et je m'en glorifie ;
Oui, les sucs généreux de la philosophie
Ont contre les revers fortifié mon cœur :
Des préjugés vieillis ils m'ont rendu vainqueur.
Aux feux qu'ont allumés Rousseau, Bayle et Voltaire,
J'ai vu se dissiper cette ombre héréditaire
Qui couvrait les humains dans la nuit expirans,
Et j'ai su mériter la haine des tyrans.

Des esclaves vendus la colère débile
De cris calomnieux a fatigué ma bile ;
Ma muse d'Archiloque implora le courroux :
Ma muse enfin retourne à des travaux plus doux.
Amitié, dont les soins font oublier l'envie ;
Arts, brillans séducteurs qui colorez la vie,
Raison, guide des arts et même des plaisirs,
Embellissez encor mes studieux loisirs.
Ramenez-moi les jours d'audace et d'espérance,
Où j'ai peint l'Hopital, ce Caton de la France ;
Où Boulen et Seimour ont fait couler des pleurs ;
Où le grand Fénélon, paré de quelques fleurs,
Et du fond de sa tombe accueillant mon hommage,
Dictait mes vers empreints de sa fidèle image.
Les nombreux ennemis contre moi conjurés
Affermiront mes pas, déjà plus assurés.
Je laisse à mes écrits le soin de ma défense.
Le Dieu qui dans son art instruisit mon enfance,
Donne à ses nourrissons un exemple sacré :
Si l'impudent satyre est par lui déchiré,
S'il punit d'un Midas les caprices stupides,
S'il écrase un Python sous ses flèches rapides,
De ses feux bienfaisans il mûrit les moissons ;
Dans ses douze palais il conduit les saisons ;
Il préside aux concerts des doctes immortelles,
Et sur sa lyre d'or il chante au milieu d'elles.

FIN.